**INAPSQUARE
STICKER BOOK**

STICKER BOOK

PROLOGUE

우리의 작업은
온전히 우리로부터 시작되는
사소하지만 매력적인
것들로부터 출발합니다.

우리가 좋아하는 것 _____ **LOVE**
일상에서 만나는 것 _____ **LIFE**
마음을 평화롭게 하는 것 ____ **PEACE**
우리의 손에서 태어난 것 ____ **WORK**

이나피스퀘어의 10년을
네 개의 주제로 나누어
우리의 시작과도 같은 스티커 형식으로
자유롭게 묶어냈습니다.

10 YEARS

(INAPSQUARE)

LOVE OUR LIFE
WORK PEACE

차 례

PROLOGUE

10 YEARS

1 LOVE ——— 9
우리가 좋아하는 것

2 LIFE ——— 51
우리의 사소한 일상

3 PEACE ——— 87
우리만의 평화

4 WORK ——— 115
우리 손으로 만든 것

1 LOVE
우리가 좋아하는 것

11

우리가 좋아하는 것

사랑의 여러 가지 형태

1부 LOVE

우리가 좋아하는 것

1부 LOVE

15

우리가 좋아하는 것

BIG HOPE

BIG HOPE

16

1부 LOVE

17

우리가 좋아하는 것

LOVE EVERYWHERE

사랑은 어디에나 있다.
누군가에게 보내는 안부 메시지에도,
등을 두드리는 위로의 손길에도,
나를 바라보는 내 강아지의 눈 속에도,
함께 이야기하며 걷는 산책의 순간에도.

LOVE LOVE LOVE LOVE
EVERYWHERE EVERYWHERE EVERYWHERE EVERYWHERE

19

우리가 좋아하는 것

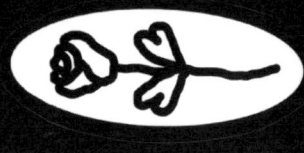

I LOVE SUMMER

뜨거운 햇빛에 밀도 높은 공기
긴 낮
초당옥수수
말랑해진 근육들로 안전하게 하는 요가
땀 흘리고 마시는 생맥주
모기향 냄새
풀벌레 소리
까맣게 탄 피부
오싹한 소설
가벼운 옷에 걸치는 원석 목걸이

우리가 좋아하는 채도 높은 계절

SUN

I HATE ~~WINTER~~

LOVE SUMMER

우리가 좋아하는 것

HOTEL CALIFORNIA

이글스의 노래 〈Hotel California〉를 듣고 있으면
한 번도 가본 적 없는 사막을 운전하고 있는 기분이 든다.
창문을 열고 시원하고 건조한 바람에 머리칼을 날리며
넘어가는 해를 등지고 운전하는 상상 속의 나.

우리가 좋아하는 것

우리가 좋아하는 단어들 (1)

OLD
THING
FOREVER
YOUNG
BOOK
(BIG) PLANT
TODAY

OLD THING FOREVER YOUNG BOOK (BIG) PLANT TODAY

29

우리가 좋아하는 것

어디든 자유롭게 떠나기

KEY
KEY

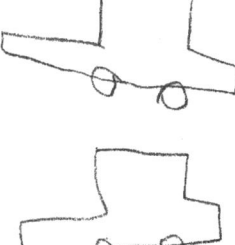

우리가 좋아하는 것

DOG

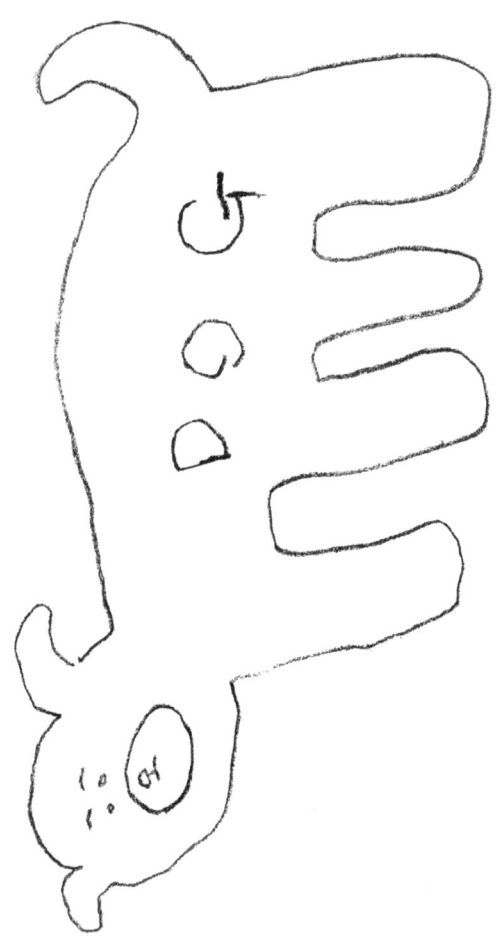

1부 LOVE

33

우리가 좋아하는 것

그냥 지나칠 수 없는 털뭉치들 (1)

제주도 돌담 너머로 보이던 작은 백구
보안책방에서 만난 얼룩이 연두
바람에 털을 휘날리며 길가에 서 있던 개
태국에서 만난 순진한 인상의 개

35

우리가 좋아하는 것

박쫑이

먼지 같은 모습으로 나에게 온 작디작은 요크셔테리어
입이 짧아 밥을 잘 안 먹던 강아지
까탈스럽고 겁이 많던 강아지
그리움이라는 감정이 무엇인지 알려준 강아지
작지만 우리 마음속 가장 큰 강아지

영원한 여덟 살 우리의 박쫑이

애걸복걸 박쫑이 밥 먹이기

우리가 좋아하는 것

최박찬실

운명처럼 우리에게 다가온 졸린 눈의 오동통한 시츄
머릿속에 오로지 먹을 것만 있는 강아지
꼬리가 단 한 번도 내려간 적 없는 위풍당당 강아지

물 따라 바람 따라
태어난 김에 사는 최박찬실

먹을 것만 생각하는 최박찬실과의 눈치 싸움

우리가 좋아하는 것

PEACE

1부 LOVE

우리가 좋아하는 것

그냥 지나칠 수 없는 털뭉치들 (2)

치앙마이 공원에서 만난 얼룩 고양이
제주도 돌담 위에서 날 노려보던 검은 고양이
헤르만 헤세의 사진에서 본 고양이
카페 창가에서 보이던 고양이 조각상

우리가 좋아하는 것

영화 〈장고: 분노의 추적자〉에서
닥터 킹 슐츠의 치아 마차

쿠엔틴 타란티노의
영화 〈장고: 분노의 추적자〉를 좋아한다.
내용도 물론 좋아하지만 나를 매료시킨 것은
오프닝의 투박한 타이틀과 음악,
서부극 특유의 뜨거운 색감,
그리고 복수극의 화끈한 내용과는 반대로
간간이 보이는 귀여운 요소들이다.
그중 제일 좋아하는 것은
크리스토프 발츠가 연기한
닥터 킹 슐츠의 치아 마차다.

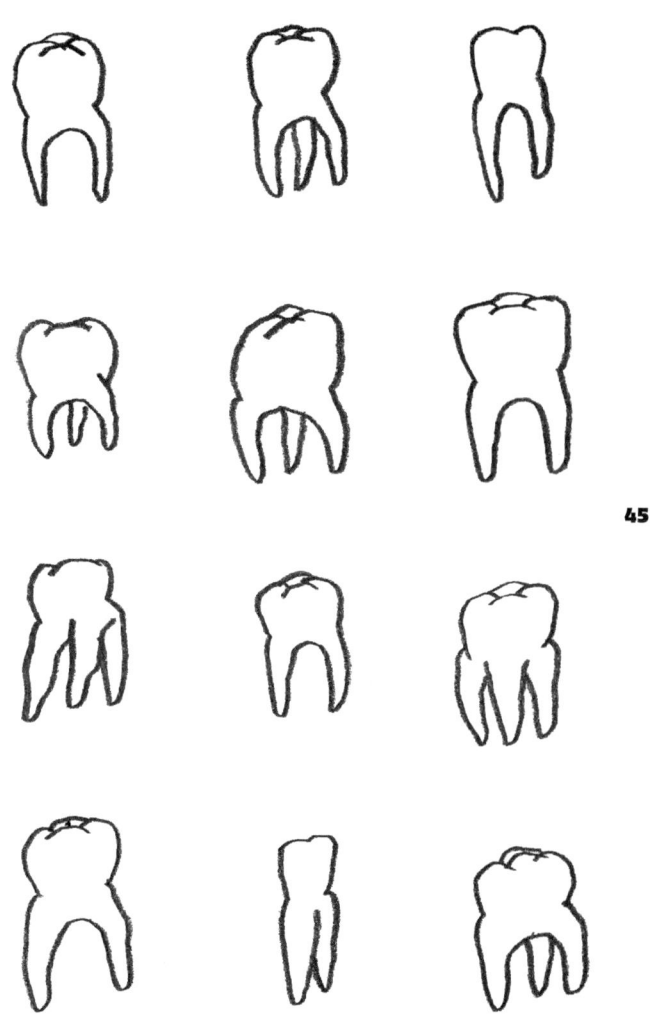

45

우리가 좋아하는 것

우리가 좋아하는 단어들 (2)

LIFE LOVE FOREVER YOUNG NEVER MIND

우리가 좋아하는 것

영원히 살기

LIVE FOREVER
LIVE FOREVER
LIVE FOREVER
LIVE FOREVER
LIVE FOREVER
LIVE FOREVER

LIVE FOREVER
LIVE FOREVER
LIVE FOREVER
LIVE FOREVER
LIVE FOREVER
LIVE FOREVER

우리가 좋아하는 것

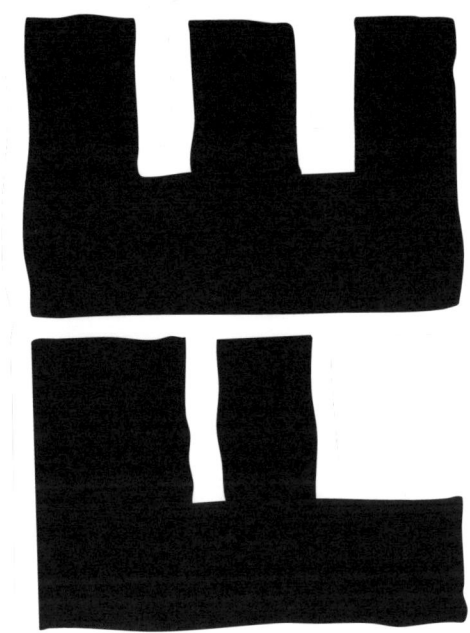

2 LIFE
우리의 사소한 일상

GOOD WEATHER BAD PLANT

너무나 화창한 바깥 날씨와 대비되게
작디작거나
새잎이 잘 자라지 않거나
시들어버린
우리 식물들

편안한 소파
—
큰 식물

55

우리의 사소한 일상

우리 집

57

우리의 사소한 일상

문자를 좋아하는 나
통화를 좋아하는 너

TEXT MESSAGE

우리의 사소한 일상

나는 아이스아메리카노
너는 디카페인 커피

우리의 사소한 일상

마스크를 착용해주세요

2부 LIFE

63

우리의 사소한 일상

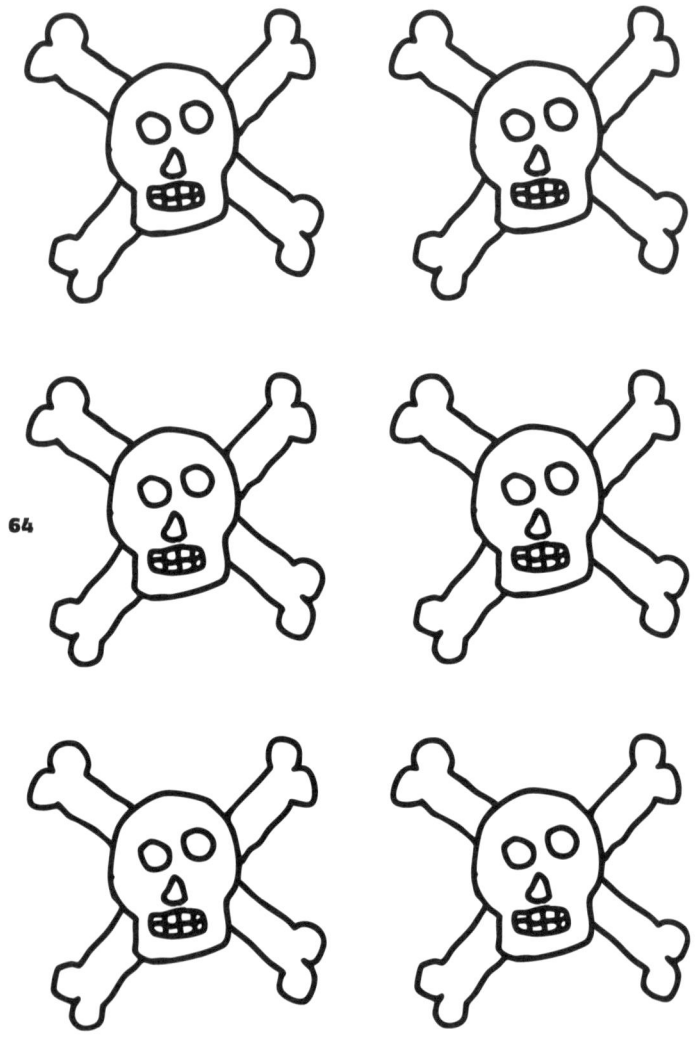

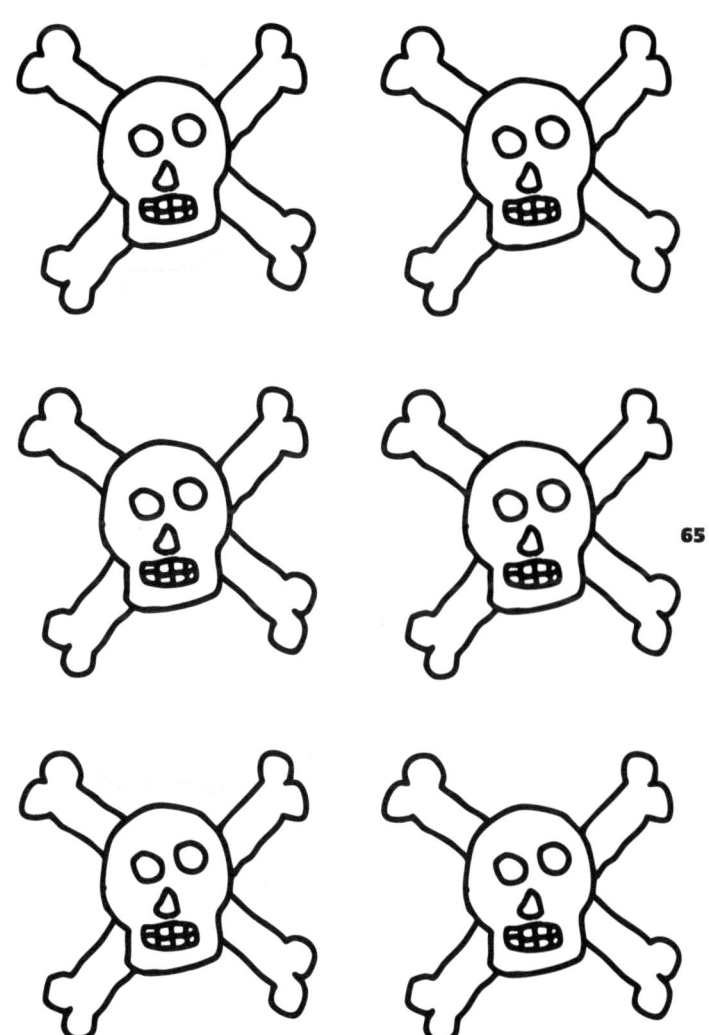

우리의 사소한 일상

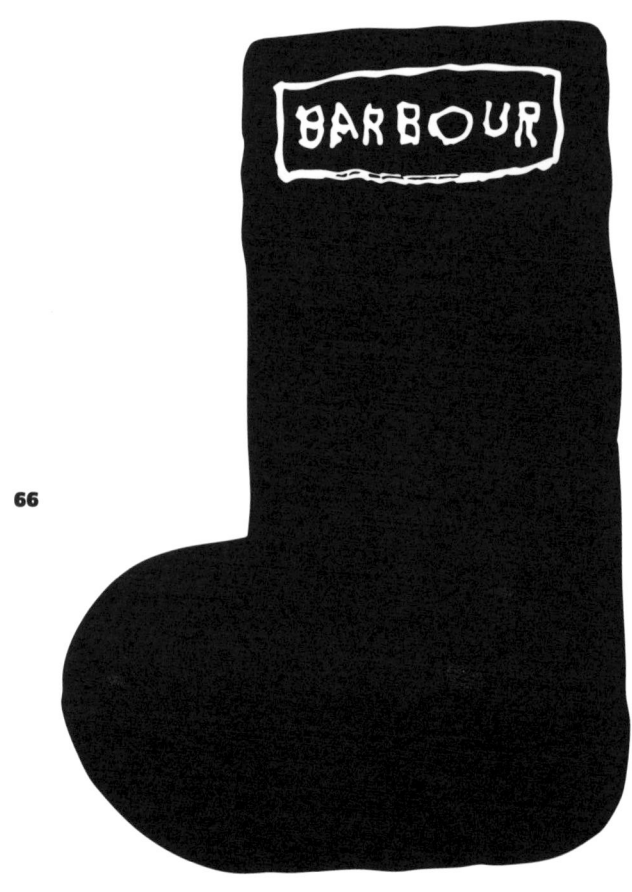

구멍 날 때까지 신었던 레인부츠

우리의 사소한 일상

10년 넘게 신은 반스 운동화

2부 LIFE

69

우리의 사소한 일상

인생은 혼돈

OUR WORLD AND OUR LIVES ARE CHAOS

우리의 사소한 일상

시계와 숫자

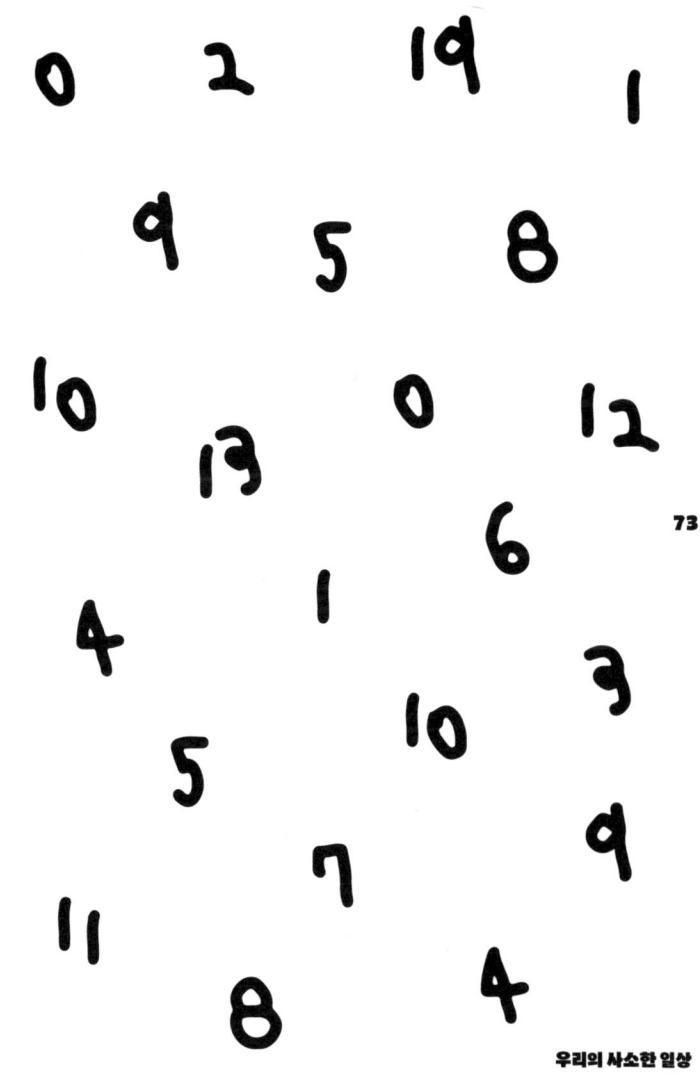

우리의 사소한 일상

EVERYTHING IS IN THE BOOK

2부 LIFE

인자한 사랑니

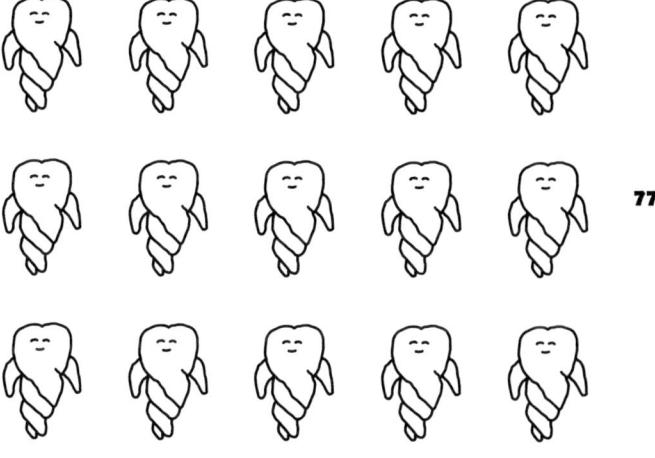

77

우리의 사소한 일상

GOOD GOOD BAD

우리의 사소한 일상

HBD

80

2부 LIFE

81

우리의 사소한 일상

귀여운 잔에 담아 마시기

83

우리의 사소한 일상

각자 다른 모습으로 예쁘게 피어난 꽃들

3 PEACE
우리만의 평화

FLEXIBLE BODY
FLEXIBLE THINKING

요가에서는 유연한 호흡이 유연한 몸을 만든다고 한다.
그래서 호흡이 중요하다.
그렇게 유연하게 만든 몸 또한 유연한 사고를 만든다고.
내가 요가를 열심히 하는 것도 딱딱한 사고를
조금이나마 유연하게 만들려는 것은 아닐까?

89

우리만의 평화

유연한 호흡, 유연한 몸, 그리고 유연한 생각

3부 PEACE

차 우리는 시간

93

우리만의 평화

파라다이스

우리의 평화는 야자수 아래에 있다.

PARADISE
PARADISE

우리만의 평화

한여름 해변에서

바삭한 모래
차갑고 짠 바닷물
아름다운 무늬의 조개껍질
벌겋게 탄 피부
파도 소리를 들으며 읽은 책

어느 하나 평화롭지 않은 것이 없는 바다

97

우리만의 평화

2020 크라비

우리만의 평화

저마다 다른 무늬를 가진 나비들

3부 PEACE

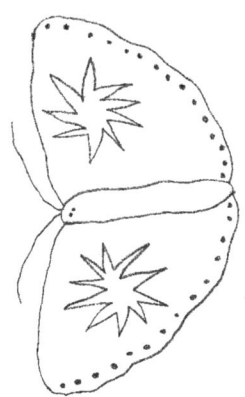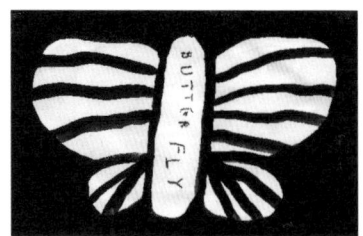

우리만의 평화

TO THE BEACH

3부 PEACE

MOSQ
UI TO

MOSQUITO

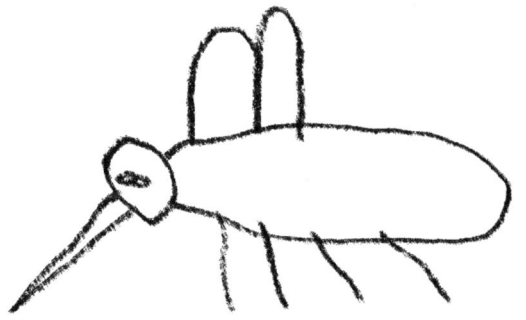

105

우리만의 평화

산에서 관찰하는 것들

우리만의 평화

카페에서의 평화로운 시간

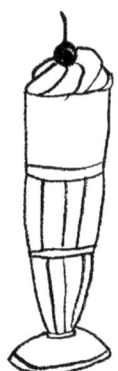

CUP

우리만의 평화

HOME

3부 PEACE

우리만의 평화

HOME SWEET HOME

OUR WORK

4 WORK
우리 손으로 만든 것

WALK & WORK

4부 WORK

우리 손으로 만든 것

WORK & PEACE

4부 WORK

OUR WORK

♡ PEACE 👥

DRIVE / OLD

🚗 ✋ ×YOUNG

👟WALK 👟WALK

WORK ✳ WORK

× ×

119

우리 손으로 만든 것

DON'T TOUCH

4부 WORK

우리 손으로 만든 것

일과 삶의 균형

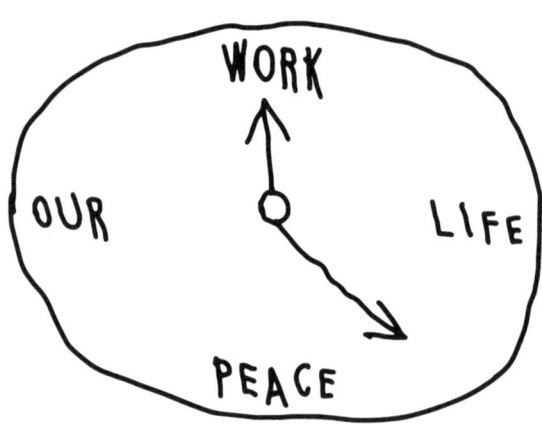

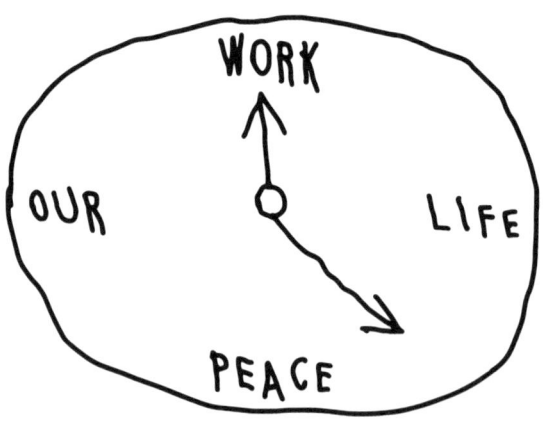

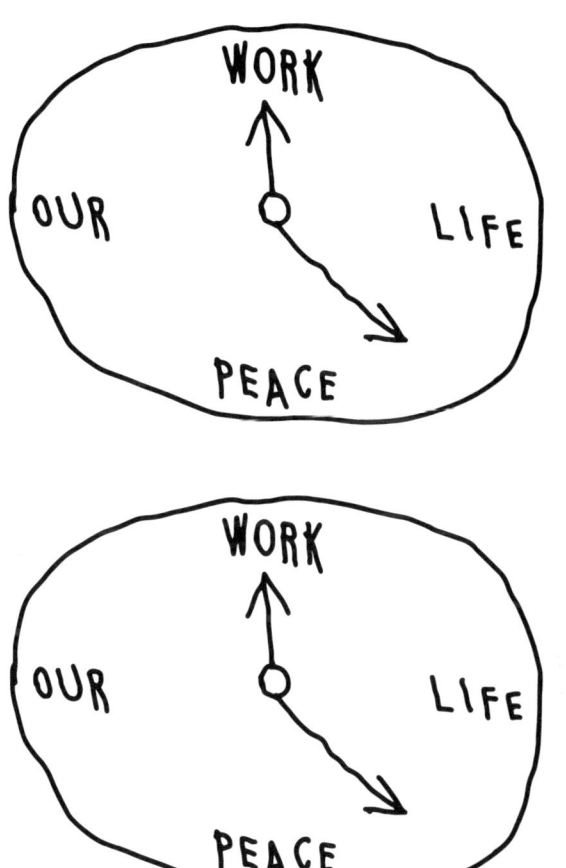

우리 손으로 만든 것

OUR EARTH IS ROUND

4부 WORK

125

우리 손으로 만든 것

GOOD WEATHER BAD DRAWING

127

우리 손으로 만든 것

WORKING
AND
WALKING

4부 WORK

우리 손으로 만든 것

KEEP GOING

KEEP
GOING

4부 WORK

우리 손으로 만든 것

WORK HARD

우리 손으로 만든 것

ROUND AND ROUND

4부 WORK

ROUND ROUND
AND @ AND @
ROUND AND ROUND
ROUND AND
ROUND

135

ROUND

ROUND
AND ROUND

우리 손으로 만든 것

POTTERY

우리 손으로 만든 것

WE DRAW AND MAKE WHATEVER WE WANT
우리는 우리가 좋아하는 것을 그리고 만든다

4부 WORK

WE DRAW AND MAKE WHATEVER WE WANT IN A PSQUARE

139

우리 손으로 만든 것

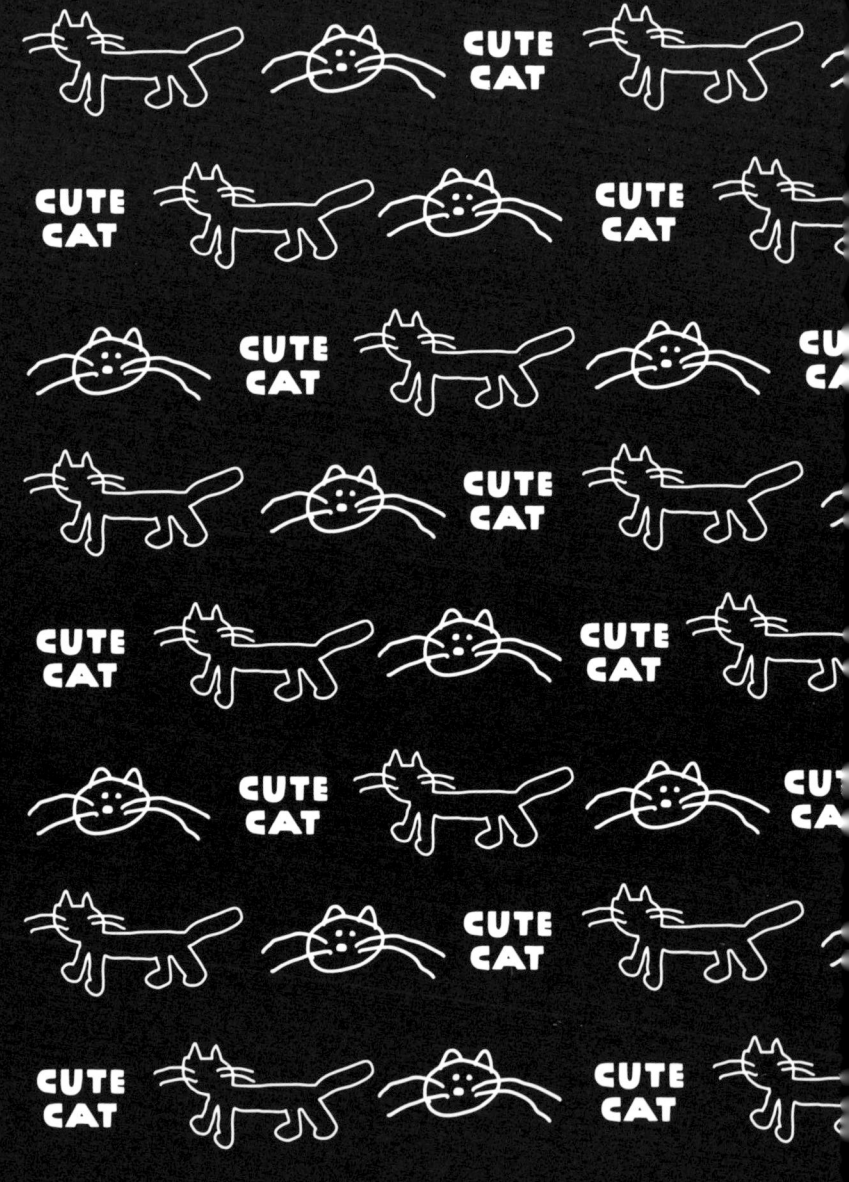

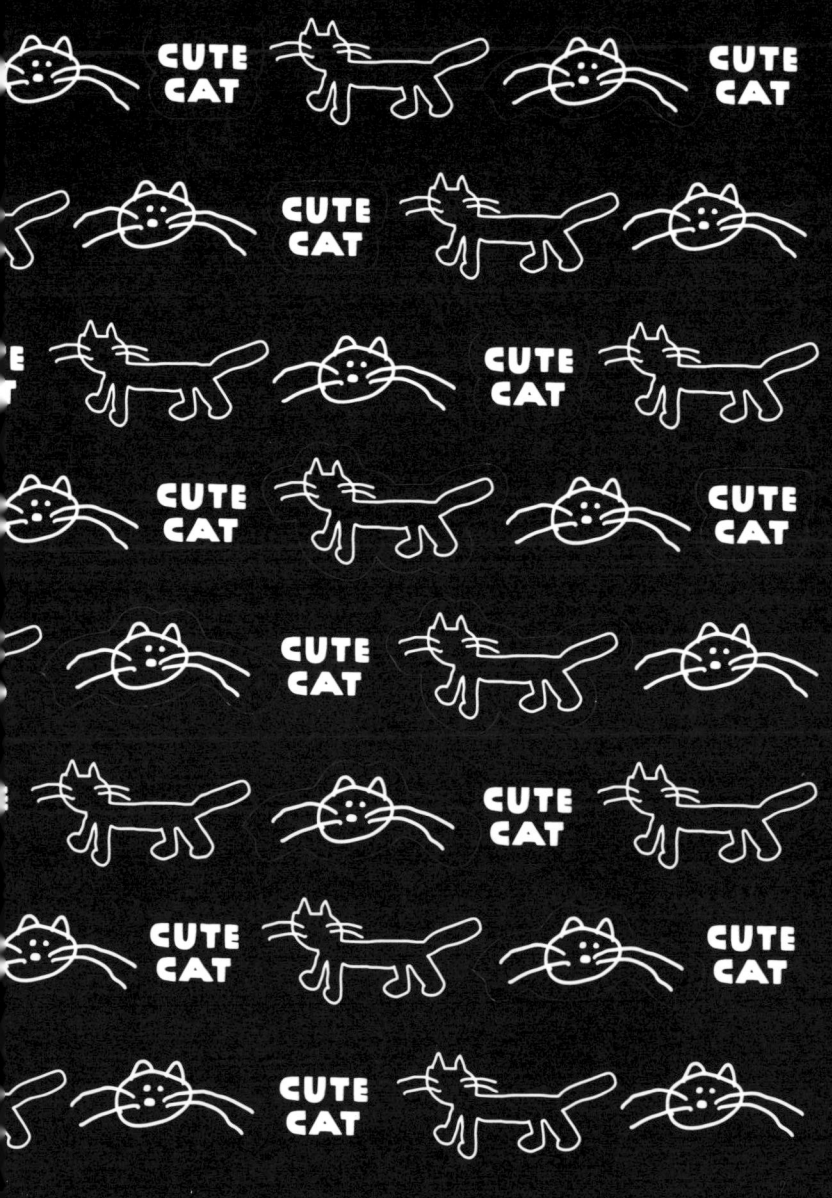

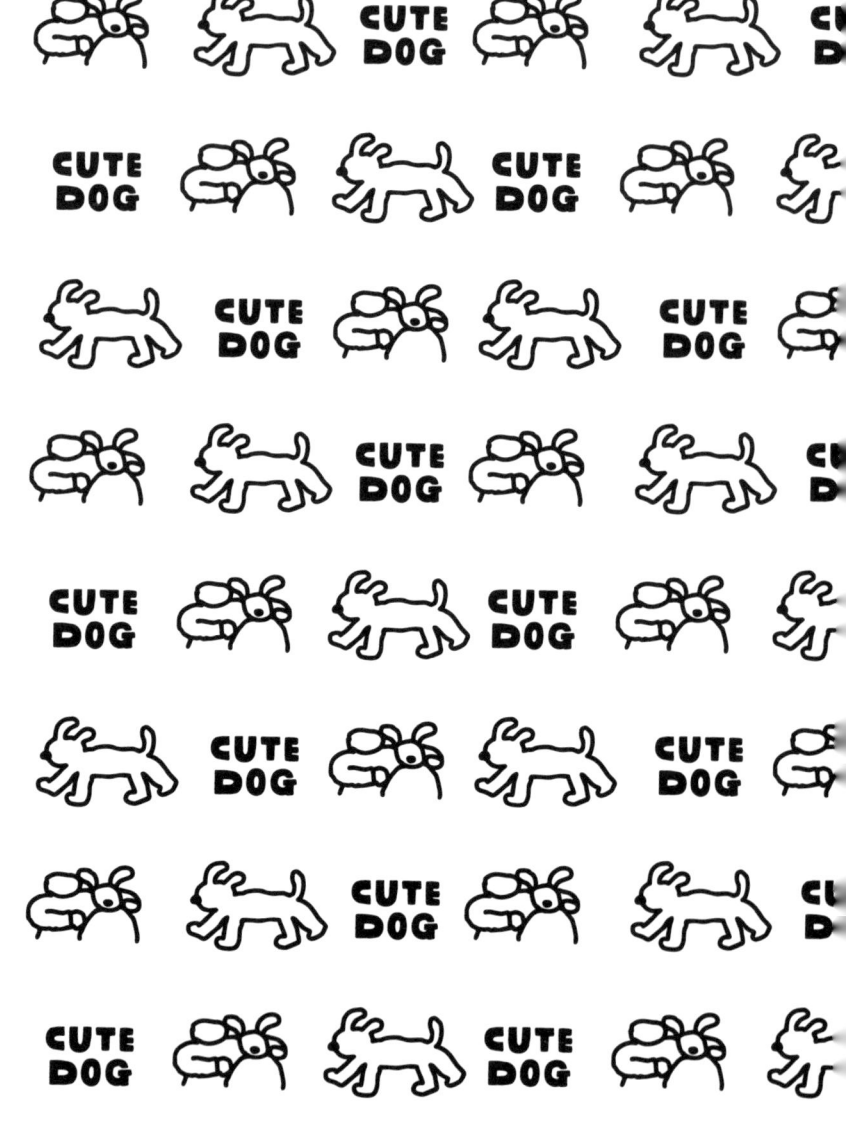

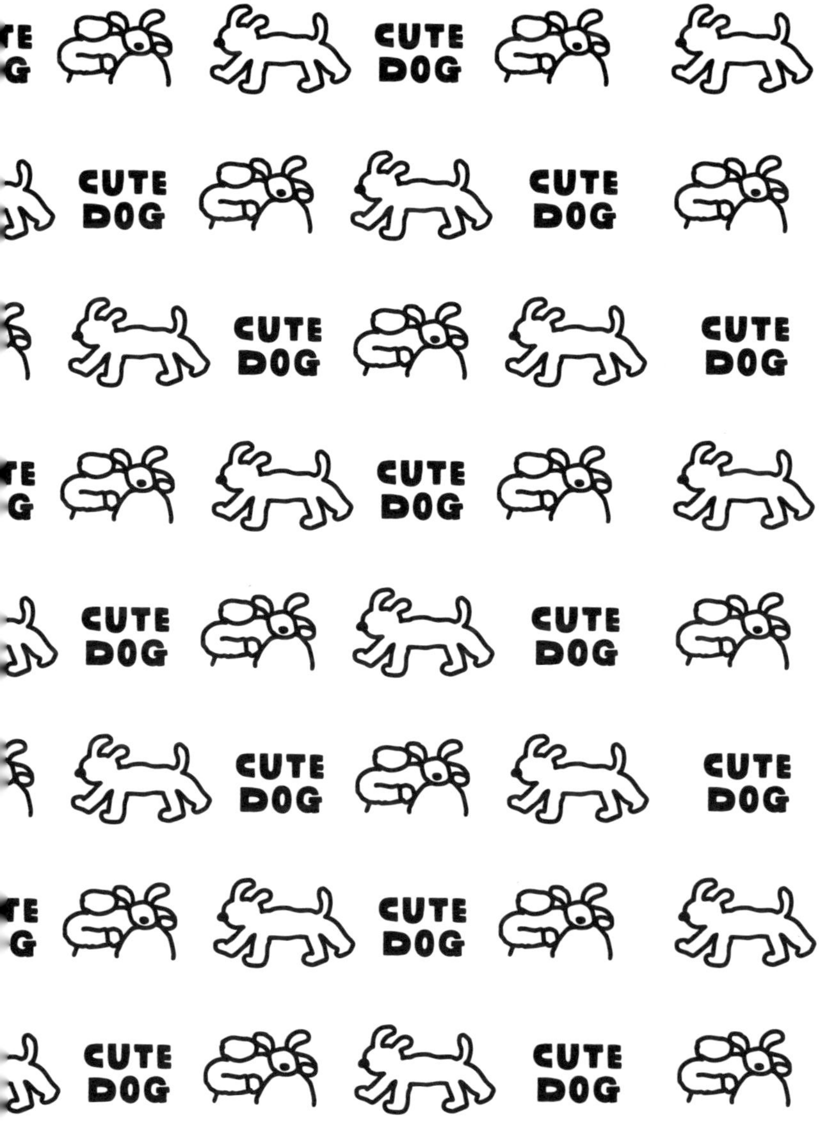
CUTE DOG

(INAPSQUARE)

150

4부 WORK

INAP SQUARE

INAPSQUARE

151

우리 손으로 만든 것

이나피스퀘어 스티커북

2025년 7월 30일 초판 1쇄 발행

지은이 이나피스퀘어
펴낸이 이원주

책임편집 박인애
기획개발실 강소라, 김유경, 강동욱, 류지혜, 고정용, 이채은, 최연서
마케팅실 양근우, 권금숙, 양봉호   **온라인홍보팀** 신하은, 현나래, 최혜빈
디자인실 진미나, 윤민지, 정은예   **디지털콘텐츠팀** 최은정   **해외기획팀** 우정민, 배혜림, 정혜인
경영지원실 강신우, 김현우, 이윤재   **제작팀** 이진영
펴낸곳 비에이블   **출판신고** 2006년 9월 25일 제406-2006-000210호
주소 서울시 마포구 월드컵북로 396 누리꿈스퀘어 비즈니스타워 18층
전화 02-6712-9800   **팩스** 02-6712-9810   **이메일** info@smpk.kr

ⓒ 이나피스퀘어(저작권자와 맺은 특약에 따라 검인을 생략합니다)
ISBN 979-11-94755-33-3 (12650)

- 이 책은 저작권법에 따라 보호받는 저작물이므로 무단전재와 무단복제를 금지하며, 이 책 내용의 전부 또는 일부를 이용하려면 반드시 저작권자와 (주)쌤앤파커스의 서면동의를 받아야 합니다.
- 잘못된 책은 구입하신 서점에서 바꿔드립니다.
- 책값은 뒤표지에 있습니다.
- 비에이블은 (주)쌤앤파커스의 브랜드입니다.

쌤앤파커스(Sam&Parkers)는 독자 여러분의 책에 관한 아이디어와 원고 투고를 설레는 마음으로 기다리고 있습니다. 책으로 엮기를 원하는 아이디어가 있으신 분은 이메일 book@smpk.kr로 간단한 개요와 취지, 연락처 등을 보내주세요. 머뭇거리지 말고 문을 두드리세요. 길이 열립니다.

값 32,000원
ISBN 979-11-94755-33-3